Made in the USA
Monee, IL
25 January 2022

89824632R00111